Rudolf Steiner

Das Soziale

Dreigliederung von Wirtschaft, Recht und Kultur

Ein öffentlicher Vortrag,
gehalten in Basel am 28. Februar 1919

Rudolf Steiner Ausgaben
im Archiati Verlag

Der Wortlaut der im Archiati Verlag gedruckten Vorträge von Rudolf Steiner geht auf die ursprünglichen Klartextnachschriften und Erstdrucke zurück, unter Berücksichtigung der danach erfolgten Veröffentlichungen.

1. Auflage 2012

Herausgeber: Archiati Verlag e. K. (Monika Grimm), Bad Liebenzell

Redaktion: Pietro Archiati, Bad Liebenzell

Korrektorat: Dr. Gerhard Hüttig, Schwanewede

Druck: GGP Media GmbH, Pößneck

ISBN: 978-3-86772-304-6

Archiati Verlag
Burghaldenweg 37 · D-75378 Bad Liebenzell
Telefon: (07052) 935284 · Telefax: (07052) 934809
anfrage@archiati-verlag.de · www.archiati-verlag.de

Inhalt

Das Soziale

Basel, 28. Februar 1919

Meine sehr verehrten Anwesenden!

Die Tatsachen, die sich heute auf dem Gebiet der sozialen Bewegung abspielen und die für manchen schreckhaft (erschreckend) sind, sie scheinen zu den Menschen, die sie betrachten, eine neue Sprache zu sprechen, eine Sprache, die ungewohnt ist gegenüber all dem, was bisher im geschichtlichen Hergang der Menschheit zu erfahren war.

Muss man nicht gegenüber dem, was heute aus den Tiefen des sozialen Lebens an die Oberfläche kommt – obwohl das, was man soziale Frage nennt, seit mehr als einem halben Jahrhundert in der Menschheit verbreitet worden ist –, muss man nicht dem gegenüber sagen, dass die Gedanken, die Willensimpulse der Menschen recht schlecht auf das vorbereitet sind, was sich heute in den Tatsachen ausspricht?

Man hat sehr häufig, wenn man Gelegenheit hatte, einen Einblick in den Stand der sozialen Bewegung zu haben, man hat sehr häufig seit Jahrzehnten Gelegenheit gehabt zu bemerken, wie sozialistische Denker, solche Denker, die glaubten, mit ihrem ganzen Wesen in der Richtung des proletarischen Wollens drinzustehen, wie solche Denker immer wieder darauf hingewiesen haben, dass die wirtschaftlichen Tatsachen selbst, die sich in der Entwicklung der Menschheit durch die moderne Technik und durch den Kapitalismus herangebildet haben, dass diese wirtschaftlichen Tatsachen selbst durch ihre eigene Fortbewegung eine Lösung der sozialen Frage bringen würden.

Wenn ich kurz andeuten soll, was man da gedacht hat, so ist es das Folgende. Die Ausbreitung des Wirtschaftslebens mit der damit verbundenen Arbeitsteilung und allem anderen, was dazu gehört, das alles hat dazu geführt, dass die privatkapitalistische Wirtschaft allmählich in den Willen weniger Menschen konzentriert worden ist, dass immer größere Massen des Proletariats in diesen Willen von wenigen Menschen eingespannt worden sind.

Gehofft hat man, dass das, was sich wie eine wirtschaftliche Gewalt über das Proletariat ausgespannt hat, bis zu dem Punkt getrieben wird, wo es sich selbst vernichtet, wo es auf seinem eigenen Weg nicht mehr weiterkommen kann, und wo dann das Proletariat durch die Entwicklung der wirtschaftlichen Tatsachen selbst in der Lage sein wird, die Macht, von der es früher beherrscht war, selbst in die Hand zu bekommen.

Von radikal revolutionären Anschauungen, die in einer früheren Zeit eine Rolle gespielt haben, ist man dann zu mehr reformistischen

Anschauungen übergegangen, durch die man erwartete, dass durch die Maßnahmen, die innerhalb eines geregelten Staatslebens durch das Proletariat herbeigeführt werden, sich dieser Übergang der wirtschaftlichen Macht von den kapitalistischen Unternehmern auf das Proletariat vollziehen wird.

Also man hat gemeint, die objektiven, vom Menschen unabhängigen Tatsachen, sie werden eine Krise und mit dieser Krise eine Lösung der sozialen Frage herbeiführen.

Sieht man nicht, dass es anders geworden ist, dass alle Gedanken, die sich in dieser Richtung bewegt haben, an den Tatsachen vorbeigehen? Sieht man nicht, dass es der proletarische Mensch ist, der mit seinem Willen, mit seinen Forderungen die Tatsachen herbeiführt, die heute für viele so erschreckend am Horizont des geschichtlichen Lebens auftreten? Zwingt das nicht dazu, auf das proletarische Leben und Fordern selbst hinzuschauen und sich nicht weiter betören zu lassen durch das, was man seit Jahrzehnten durch eine Lehrmeinung als das Richtige angesehen hat?

In Vorträgen, die ich vor kurzer Zeit über diese Frage halten durfte, habe ich darauf hingewiesen, dass diese gegenwärtigen Tatsachen dazu zwingen, die Betrachtung der sozialen Frage auf den proletarischen Menschen selbst zu lenken. Und ich habe es bereits ausgesprochen, warum dieser proletarische Mensch zu dem geworden ist, als was er heute erscheint.

Als was steht in der Offenbarung der gegenwärtigen Tatsachen das Proletariat mit seinen Wünschen, mit seinen Willensimpulsen, mit seinen Forderungen da? Steht es nicht wie eine gewaltige, durch die Weltgeschichte wirkende Kritik dessen da, was die führenden Kreise bisher als das Richtige angesehen haben und was sie zur Grundlage, zum Richtsatz ihrer Maßnahmen gemacht haben? Eine Kritik, wie sie mit Worten nicht ausgesprochen werden kann, wird durch das ausgesprochen, was in den Eigenschaften, in den Handlungen des gegenwärtigen Proletariats lebt.

Dieses gegenwärtige Proletariat sieht sich durch den Wirtschaftsprozess, der schon seit langem heraufgezogen ist, in das reine Wirtschaftsleben eingespannt.

Und wieder muss ich betonen, was ich in früheren Vorträgen auseinandergesetzt habe: Indem sich dieses moderne Proletariat mit seinem ganzen Schicksal in das bloße Wirtschaftsleben eingespannt findet, empfindet es vor allem im tiefsten Sinne als menschenunwürdig, dass die Arbeitskraft des Proletariers für dieses Wirtschaftsleben dasselbe bedeutet wie die Ware, die auf den Markt gebracht wird, die gekauft wird, deren Zirkulation nach Angebot und Nachfrage geregelt wird.

Wie auch die Dinge lauten, die selbst von sozialistischen Denkern auf diesem Gebiet ausgesprochen werden – die Empfindungen, die im Proletariat darüber herrschen, das, was in den unbewussten Tiefen der proletarischen Seele lebt, das ist viel wichtiger als das, was bewusst gedacht und ausgesprochen wird. Und diese Empfindungen gehen dahin zu fragen:

> Wie ist es möglich, die menschliche Arbeitskraft, die der Proletarier innerhalb der kapitalistischen Wirtschaftsordnung zu Markte zu tragen hat, und die man kaufen kann, des Charakters der Ware zu entkleiden?

Indem man dieses ausspricht, richtet man die Aufmerksamkeit auf das erste Glied der heutigen sozialen Frage, insofern diese soziale Frage eine Wirtschaftsfrage ist, insofern sie eine Lohnfrage ist.

Wer im Laufe der Jahrzehnte gelernt hat, nicht bloß über das Proletariat, sondern mit dem Proletariat zu denken, der weiß, wie die marxistische Lehre eingeschlagen hat, die mit besonderer Intensität die Proletarier darauf hingewiesen hat, dass sich ihre Arbeitskraft als Ware in den Wirtschaftsprozess hineinstellt. Man muss immer wieder auf die Beleuchtung hinweisen, die Karl Marx dieser Sache gegeben hat, da diese Beleuchtung intensiv in dem Glauben, in dem Empfinden des Proletariats weiterlebt.

Von dem, der innerhalb der Einrichtung des heutigen Wirtschaftslebens Kapitalist ist, von dem sieht der proletarische Arbeiter, dass er ihn in die Fabrik ruft, dass er ihn an die Maschine ruft, und dass er ihn für seine Arbeitskraft bezahlt.

Marx versuchte, das Folgende den Proletariern klarzumachen: Er versuchte ihnen zu zeigen, dass die Arbeitskraft des Proletariers im Wesentlichen unterbezahlt wird.

Diese Arbeitskraft muss fortwährend hergestellt werden durch die Nahrungsmittel und die anderen Unterhaltsmittel, die der Proletarier braucht. Wenn es dem Proletarier möglich ist, sich die Nahrung und die anderen Unterhaltsmittel zu verschaffen, dann kann er seine im Wirtschaftsprozess verbrauchte Arbeitskraft wiederherstellen, dann kann er seine Arbeit wieder verrichten. Das führt dazu, dass der Arbeitgeber dem Arbeiter nur das bezahlt, was zur Herstellung dieser Arbeitskraft notwendig ist, dass er ihn aber weit über die Zeit hinaus arbeiten lässt, die notwendig ist, um nur das zu verdienen, was zur Herstellung dieser Arbeitskraft notwendig ist.

Dadurch entsteht das, was so tief einschneidend in die Empfindungen der Proletarier ist, dadurch entsteht der «Mehrwert». Der Arbeiter produziert für den Unternehmer, er produziert mehr, als wofür der Unternehmer ihn entschädigt – und das, was er mehr produziert, ist

Profit des Unternehmers. Diesen Mehrwert durch eine Umänderung des Wirtschaftsprozesses zu erringen, das ist das Ideal des proletarischen Strebens geworden.

Meine sehr verehrten Anwesenden! Die Meinungen, die sich über diese Sache gebildet haben, gehen alle, in bürgerlichen und nichtbürgerlichen Kreisen, in ein und dieselbe Richtung. Diese Meinungen gehen alle dahin, dass für die Warenerzeugung notwendigerweise die Arbeit selbst wie eine Ware behandelt werden muss.

Dem gegenüber ist man genötigt, tiefer in das wirtschaftliche Leben hineinzuschauen und die Frage aufzuwerfen: Liegt da nicht vielleicht etwas ganz anderes zugrunde als das, was Proletarier und Nichtproletarier glauben? Ist dieser Teil der sozialen Frage überhaupt richtig erfasst worden?

Die Entwicklung der Tatsachen, die die Gegenwart zeigt, sie beweist, dass es nicht der Fall ist, dass die Sache richtig erfasst worden ist. Geht man tiefer auf das ein, was hier vorliegt, so bemerkt man, dass das, was sich im Wirtschaftsprozess abspielt, sich in der Warenproduktion, in der Warenzirkulation und im Warenkonsum erschöpfen muss.

Was gibt diesem Wirtschaftsprozess seine Gesetze? Wovon hängt ab, was im Wirtschaftsprozess geschieht?

Es geht alles, was im Wirtschaftsprozess geschieht, auf das menschliche Bedürfnis zurück, auf das menschliche Interesse. Alles, was im Wirtschaftsprozess vorgeht, läuft darauf hinaus, dass erzeugt wird, was durch das menschliche Bedürfnis gefordert und in der Folge vom Menschen verbraucht wird.

Jede andere Anschauung über das, meine sehr verehrten Anwesenden, was Ware ist, erweist sich gegenüber einer wirklichen Wirtschaftslehre als falsch – jede andere Anschauung als die, die die Ware als etwas ansieht, was seinen Wert dadurch erhält, dass es in der zweckmäßigsten Weise in der menschlichen Gesellschaft vom Menschen verbraucht wird. Durch den Verbrauch erhält die Ware ihren Wert. Was Austausch der Waren im Wirtschaftsprozess ist, wird dadurch bestimmt. Die gegenseitigen Werte der Waren können nur davon abhängen, inwiefern diese Waren verbraucht werden.

Wer auf diesen Grundcharakter der Ware innerhalb des Wirtschaftsprozesses eingeht, dem wird klar, was vielen Leuten nicht klargeworden ist: dass die menschliche Arbeitskraft etwas ist, was sich überhaupt nicht mit dem vergleichen lässt, was Ware ist, was daher auch, weil es sich nicht damit vergleichen lässt, weil es gar kein Verhältnis zwischen Arbeitskraft und Ware gibt, was daher auch nicht Ware sein kann. Das ist ein merkwürdiger Widerspruch:

- Auf der einen Seite muss man einsehen: Die *menschliche Arbeitskraft* ist ganz unvergleichbar mit der Ware, kann also nicht gegen sie ausgetauscht werden;
- auf der anderen Seite sieht man: Innerhalb der *heutigen Wirtschaftsordnung* ist die proletarische Arbeitskraft zur Ware gemacht worden.

Was liegt diesem Lebenswiderspruch zugrunde? Diesem Lebenswiderspruch liegt zugrunde, dass der Arbeitgeber von dem Arbeiter die Arbeitskraft gar nicht kaufen kann. Indem man glaubt, dass er sie kauft, gibt man sich einem Irrtum hin. Es ist ein fundamentaler wirtschaftlicher Irrtum, der sich darin ausdrückt, dass man glaubt, man kann menschliche Arbeitskraft kaufen. Man kauft sie in Wirklichkeit nicht.

Was kauft der Arbeitgeber in Wirklichkeit von dem Arbeitnehmer? In Wirklichkeit kauft der Arbeitgeber von dem Arbeitnehmer die Ware. Der Wert der Ware, die der Arbeitnehmer hervorbringt, wird durch das Verhältnis derselben zu den anderen Waren auf dem Warenmarkt bestimmt.

Der wirkliche Tatbestand ist aber der, dass der Arbeitgeber die Ware, die der Arbeitnehmer hervorbringt, überhaupt nicht bezahlt. Durch den heutigen Wirtschaftsprozess gedrängt entzieht er sich der Bezahlung und bezahlt dafür etwas anderes, was innerhalb der menschlichen Gesellschaftsordnung niemals bezahlt werden sollte, weil es gar nicht Ware sein kann. Er bezahlt dafür die Arbeitskraft.

Und er bezahlt diese Arbeitskraft in dem Maße, als es ihm möglich ist dadurch, dass er die wirtschaftliche Macht hat, dass er auf den Arbeitnehmer einen Zwang ausübt, dass dieser Arbeitnehmer, um leben zu können, sich an die Maschine hinstellen muss, sich in die Fabrik begeben muss.

So liegt die Tatsache, die schwerwiegende Tatsache vor, dass in unserem Wirtschaftsleben etwas kaschiert wird, etwas verhüllt wird. Es wird die Tatsache verhüllt, dass man von dem Arbeitnehmer Waren oder Leistungen kauft, aber sich der Vergütung für diesen Kauf entzieht – das heißt, sie in Wirklichkeit nicht kauft, sondern den Arbeiter zwingt, sie herzugeben dafür, dass man ihm etwas anderes bezahlt.

Indem der heutige Proletarier sich selbst empfindet, empfindet er seine Existenz als eine menschenunwürdige. Und man wird niemals in die Seele des modernen Proletariers eindringen, wenn man nicht in der Lage ist, die Sache so anzusehen, wenn man nicht in der Lage ist, sich zu der Anschauung aufzuschwingen:

- *Die Ware* muss in der zweckmäßigsten Weise verbraucht werden, wenn sie dem Wirtschaftsprozess in der rechten Weise dienen soll;
- wird *die Arbeitskraft* zur Ware gemacht, so muss sie den Charakter der Ware annehmen, das heißt, sie muss im wirtschaftlichen Prozess verbraucht werden;
- damit wird *der Mensch* selbst verbraucht, und in diesem Verbrauchtwerden liegt das, was der proletarische Mensch als das Menschenunwürdige empfindet.

Wie ist es aber möglich, dass eine solche Kaschierung, dass eine solche Maskierung der Tatsachen eingetreten ist?

Das sehen wiederum Proletarier und Nichtproletarier in der Gegenwart keineswegs richtig.

Was man auf diesem Gebiet sehen muss, das ist, dass die Hineinstellung der menschlichen Arbeitskraft in den Gesellschaftsprozess, in das Zusammenleben der Menschen überhaupt, keine Frage des Wirtschaftslebens ist, dass das, was diese Arbeitskraft regelt, aus dem Wirtschaftsprozess herausgenommen werden muss.

Damit kommen wir zu dem, was zur Gesundung des sozialen Organismus notwendig ist, damit kommen wir dazu, beleuchten zu können, welcher Schaden in der heutigen sozialen Ordnung dadurch angerichtet wird, dass man den sozialen Organismus nicht in der richtigen Weise in seiner ihm eigenen Gliederung zu erfassen versteht.

Diesem sozialen Organismus gegenüber ist man heute der Anschauung, er soll ein einheitliches, ein zentralisiertes Gebilde sein. Diese Anschauung ist ebenso falsch, wie es falsch wäre, wenn man glauben würde, dass der natürliche menschliche Organismus ein einziges zentralisiertes System sei.

Der natürliche Organismus hat neben den Vorgängen des Stoffwechsels die Vorgänge des rhythmischen Lebens – des Atmungs- und des Herzlebens – und die Vorgänge des Nerven-Sinnes-Lebens. Ein jedes wirkt mit einer gewissen Selbstständigkeit und dient dem anderen gerade durch seine Selbstständigkeit. Die Lunge nimmt die Luft von außen auf, ganz unabhängig von dem, was sich in den Vorgängen des Nerven-Sinnessystems und in den Vorgängen des Stoffwechselsystems vollzieht. Gerade indem diese Teilorgane selbstständig sind, harmonisieren sie miteinander am besten.

In Bezug auf den sozialen Organismus ist man noch nicht zu einer solchen Betrachtung gekommen. Man ist nicht zu der Erkenntnis des notwendigen Verhältnisses vorgedrungen, in dem alles Wirtschaftliche zu allem Rechtlichen in der sozialen Organisation stehen muss.

Im Laufe der neueren Zeit hat sich ergeben, dass die führenden Klassen gewisse Zweige des Wirtschaftslebens «verstaatlicht» haben, wie man sagt. Man hat es als richtig befunden, als im Menschenfortschritt gelegen, solche Zweige des Wirtschaftslebens wie Post, Telegrafenwesen, Eisenbahnwesen und dergleichen zu verstaatlichen – man könnte auch sagen, zu «vergesellschaften». Man hat damit zu dem, was der Staat schon früher als Wirtschaftler verwaltet hat, weitere Zweige dieses Wirtschaftslebens hinzugefügt.

Den Anfang mit dieser Vergesellschaftung des Wirtschaftslebens, den haben die führenden, die leitenden Kreise gemacht. Aber auf diesem Weg sind die Anschauungen der proletarischen Kreise und ihrer Führer nachgefolgt. Und heute spitzt sich das, was auf diesem Gebiet gedacht wird, zu der Forderung nach Vergesellschaftung des ganzen Wirtschaftslebens zu.

Damit wird von dem Proletariat nur die letzte Konsequenz dessen gezogen, womit die leitenden Kreise begonnen haben, und das sie zu ihrem Vorteil begrenzt haben. Damit aber würde, wenn es sich verwirklichen ließe, der gesamte soziale Organismus zu einem einheitlichen, zentralisierten System.

Das widerspricht aber seiner Gesundheit. Er muss, wenn er gesund sein soll, ebenso in sich gegliedert sein wie der natürliche Organismus.

Wie das, was in diesen natürlichen Organismus als Luft eintritt, um in ihm weiter verarbeitet zu werden, in ganz anderer Art eintritt, auf ganz anderem Weg eintritt als die Nahrungsmittel, die in den Stoffwechsel übergehen, so muss das, was im Rechtsleben liegt, was im System des öffentlichen Rechts wirkt, in einer ganz anderen Weise in den sozialen Organismus eintreten als das, was im Wirtschaftsleben liegt und zu Warenproduktion, Warenzirkulation und Warenkonsum führt.

Wovon wird das Wirtschaftsleben beherrscht? Ich habe schon darauf hingewiesen: von dem menschlichen Bedürfnis, von dem menschlichen Interesse. Jene Gesetze müssen sich innerhalb des Wirtschaftslebens verwirklichen, die dem menschlichen Interesse dienen. Da steht immer der eine Mensch dem anderen Menschen je nach Interesse gegenüber – der Konsument dem Produzenten, der eine Berufskreis dem anderen Berufskreis und so weiter.

Im gesunden sozialen Organismus muss neben dem, was sich bloß als Wirkung der menschlichen Interessen abspielt, ein anderes Glied dieses sozialen Organismus bestehen: jenes Glied, in dem sich das Leben des öffentlichen Rechts entfaltet.

Das Leben des öffentlichen Rechts beruht auf menschlichen Impulsen, die sich in ganz anderer, in radikal anderer Weise entwickeln als die

Impulse, die in den menschlichen Interessen oder Bedürfnissen liegen und zum Wirtschaftsprozess führen.

Was sich als Bedürfnis im menschlichen Leben ausdrückt und zum Wirtschaftsprozess führt, das geht aus dem Elementaren der menschlichen Natur hervor. Das ist etwas, was nicht von dem Menschen als solchem unmittelbar abhängt.

Anders steht es mit dem Recht, mit all dem, was als öffentliches Recht durch das Zusammenleben der Menschen festgelegt wird. Dieses Recht wird in einer ähnlichen Weise wie die menschliche Sprache gebildet.

- Die menschlichen *Bedürfnisse* sind von *Natur* aus da, insofern sie in das volkswirtschaftliche Leben eingreifen;
- das menschliche *Recht,* das hat mit dem *Verhältnis von Mensch zu Mensch* zu tun, insofern sie Menschen sind.

Das muss sich im unmittelbaren Verkehr von Mensch zu Mensch entzünden, wie sich die Sprache im Verkehr von Mensch zu Mensch bildet.

Während die Wirtschaft mit den Verhältnissen der Interessenkreise zu tun hat, hat das Leben des öffentlichen Rechts mit den Verhältnissen zu tun, die sich unabhängig von allem Übrigen bloß zwischen Mensch und Mensch abspielen. Durch das Recht müssen Verhältnisse begründet werden, durch die sich der Mensch innerhalb der menschlichen Gesellschaft rein als Mensch gewürdigt fühlt. Solche Rechtsimpulse können sich nicht aus dem Wirtschaftsleben selbst ergeben. Wenn Rechtsimpulse aus dem Wirtschaftsleben selbst gebildet werden, dann sind sie immer nur eine Umgestaltung von wirtschaftlichen Interessen.

Wie man sich auch den Staat oder die menschliche Gesellschaft gebildet denkt, wenn in ihr «Rechte» nach den wirtschaftlichen Interessen festgesetzt werden, dann werden diese Rechte nur der Ausdruck für die Gestaltung der wirtschaftlichen Interessen sein. Aus dem Wirtschaftsorganismus kann sich ebenso wenig das ergeben, was im Rechtsleben vorhanden ist, wie sich aus dem Stoffwechsel das ergeben kann, was im Atmungsprozess vorhanden ist.

Nicht darauf kommt es an, meine sehr verehrten Anwesenden, dass die Menschen, die im Wirtschaftsleben drinstehen, wissen, was Rechte zwischen Mensch und Mensch sind, sondern darauf kommt es an, dass es im gesunden sozialen Organismus neben dem selbstständigen Wirtschaftsleben ein ebenso selbstständiges Rechtsleben geben muss, das gerade durch seine Selbstständigkeit in der richtigen Weise in das Wirtschaftsleben eingreifen kann.

Nichts hat energischer gezeigt, dass dies eine Notwendigkeit ist, als das Verhältnis, in das im modernen Wirtschaftsprozess die Arbeitskraft des Menschen einbezogen worden ist. Um das zu verstehen, muss man sich nur klarmachen, was hier unter öffentlichem Recht verstanden wird.

Im Wirtschaftsprozess hat man es nur mit Waren und Warenaustausch zu tun. In den Wirtschaftsprozess gehört zum Beispiel nicht das Besitzverhältnis hinein, das Besitzverhältnis gehört in das Rechtsleben hinein. Warum?

Was bedeutet es, wenn ich der «Besitzer» eines Grundstücks bin? Das bedeutet, dass die menschlichen Einrichtungen, innerhalb derer ich lebe, so getroffen worden sind, dass mir als Einzigem das Recht zusteht, diesen Boden im Wirtschaftsprozess zu benutzen. Das ist ein Recht auf diesen Boden. Das ist ein Recht, das etwas ganz anderes ist als das, was sich nach den Gesetzen des Wirtschaftsprozesses abspielt.

So könnte man vieles anführen, was die Meinung bestätigen würde, die man über den Unterschied zwischen dem Wirtschaftsleben und dem Rechtsleben haben muss.

Die menschliche Arbeitskraft gehört ihrer Natur nach, weil sie mit der Ware nicht vergleichbar ist, sie gehört ihrer Natur nach nicht in das Wirtschaftsleben, sondern in das Rechtsleben hinein.

Man spricht heute viel von Sozialisierung des Wirtschaftslebens. Es fragt sich nur, meine sehr verehrten Anwesenden, ob mit den Mitteln, mit denen man diese Sozialisierung heute sucht, diese Sozialisierung auch wirklich erreicht werden kann.

Nicht darauf kommt es an, dass man diese oder jene Forderungen hat, sondern darauf kommt es an, dass diese Forderungen verwirklicht werden, dass das Leben des sozialen Organismus durch sie möglich wird.

Man bedenkt nur nicht, dass alles, was sich in einem selbstständigen Leben des öffentlichen Rechts entwickelt, von vornherein einen sozialen Charakter haben muss, dass das von vornherein auf die Sozialisierung der menschlichen Gesellschaft hinarbeiten muss.

Wenn dieses öffentliche Recht nicht durch das reine Verhältnis von Mensch zu Mensch hervorgerufen wird, nicht aus dem elementaren Rechtsbewusstsein heraus selbst hervorgerufen wird, sondern aus der politischen oder der wirtschaftlichen Macht, dann trägt es keinen sozialen Charakter, sondern einen antisozialen Charakter.

Jene Rechte, die wir im heutigen Gesellschaftskörper haben, sie tragen zum großen Teil diesen antisozialen Charakter, denn sie dienen nicht dazu, ein aus dem elementaren Rechtsbewusstsein hervorgehendes Verhältnis von Mensch zu Mensch herzustellen, sondern sie dienen dazu, der einen oder anderen Klasse, dem einen oder anderen Beruf Vorteile zu bieten.

Was sich zwischen dem Arbeitgeber und dem Arbeitnehmer abspielt, darf im gesunden sozialen Organismus nicht auf einem Wirtschaftsverhältnis beruhen, sondern es muss auf einem Rechtsverhältnis beruhen. Es darf nicht innerhalb des Wirtschaftsprozesses festgesetzt werden, nicht innerhalb der Einrichtungen, die im Wirtschaftsprozess getroffen werden, sondern im abgesonderten Rechtsorganismus muss das Verhältnis zwischen Arbeitgeber und Arbeitnehmer in Bezug auf die Arbeitskraft festgesetzt werden.

Das wurde im Laufe des modernen Lebens mit der Gründung der Gewerkschaften und dergleichen versucht. Aber derjenige, der dieses moderne Leben durchschaut, wird wissen, dass das alles nur ein Surrogat (Scheinersatz) für das ist, was der Proletarier aus den Grundlagen der Menschennatur heraus als seine naturgemäße Forderung empfindet.

Man sagt heute, meine sehr verehrten Anwesenden: Aber es ist schon das Verhältnis zwischen dem Arbeitgeber und dem Arbeitnehmer ein rechtliches Verhältnis, es beruht in zivilisierten Ländern heute auf dem Arbeitsvertrag, der zwischen Arbeitgeber und Arbeitnehmer geschlossen wird!

Mit einer solchen Rede aber verdeckt man nur den eigentlichen Tatbestand.

Gewiss, dieser Vertrag wird geschlossen, und man renommiert sehr viel mit ihm. Aber was hilft dieser Vertrag, wenn er über etwas geschlossen wird, worüber er nach der Natur des Wirtschafts- wie des Rechtsprozesses nie und nimmer geschlossen werden darf! Der Arbeitsvertrag kann der Natur des sozialen Organismus nach nur über das geschlossen werden, was der Arbeitnehmer dem Arbeitgeber an Waren erzeugt. Wenn er geschlossen wird über das Verhältnis der Arbeitskraft des Arbeitnehmers zum Arbeitgeber, so beruht er auf einer falschen sozialen Grundlage.

Meine sehr verehrten Anwesenden! Man muss die Dinge in viel größeren Tiefen suchen, als man sie heute sucht, sonst wird man immer mehr dem Einwand begegnen: Ja, was du da willst, das ist schon da, das wird schon angestrebt! Wenn man es aber gerade in der allerverkehrtesten Weise anstrebt, dann zerstört man den sozialen Organismus, statt dass man zu seiner Heilung beiträgt.

Da die menschliche Arbeitskraft niemals mit der Ware verglichen werden kann, so ist sie aus dem Wirtschaftsprozess herauszunehmen und in das Rechtsleben hineinzustellen. Man kann über die Arbeitskraft überhaupt keinen Vertrag schließen. Sie soll durch ganz andere Kräfte und Impulse in das menschliche Gesellschaftsleben hineingestellt werden.

Verträge, die man innerhalb des Wirtschaftslebens zwischen dem schließt, der die Arbeit leitet und dem, der die Arbeit tut, die sollen sich lediglich auf die Leistungen beziehen. Wenn sie sich auf die Leistungen beziehen würden, würde der Proletarier durchschauen, wie er im Wirtschaftsprozess drinsteht. Er hätte einen Überblick darüber, was aus diesem Wirtschaftsprozess aus seinem freien Willen seinem eigenen Unterhalt zufließt, und was zum Unterhalt der ganzen gesellschaftlichen Ordnung notwendig ist.

So sonderbar das heute noch klingt: Der Arbeiter wäre mit dem, was sich von seiner Arbeitsleistung seinem eigenen Erwerb entzieht, er wäre mit dem völlig einverstanden. Denn er würde vernünftigerweise einsehen: Ich muss in dem sozialen Organismus drinstehen, ich muss ihm dienen. Ich gehe mit dem Unternehmer einen Vertrag ein, durch den ich nicht meine Arbeitskraft verkaufe, sondern durch den das, was ich leiste, in gesunder Weise in den sozialen Organismus eingegliedert wird.

Nicht darauf kommt es im wirklichen Leben an, meine sehr verehrten Anwesenden, dass sich aus dem Wirtschaftsleben heraus Rechte entwickeln sollen, sondern darauf kommt es an, dass das Leben selbst geteilt wird – auf der einen Seite das Wirtschaftsleben, auf der anderen Seite das Rechtsleben:

- dass die Menschen auf der einen Seite sich in Verhältnisse des Wirtschaftslebens eingliedern nach den menschlichen Interessen, nach den *menschlichen Bedürfnissen* und dem, was danach produziert werden muss,
- dass sie auf der anderen Seite sich aus diesem bloßen Wirtschaftsprozess herausheben und sich in ein solches Zusammenleben hineinversetzen, in dem nur das *Verhältnis von Mensch zu Mensch* eine Rolle spielt.

Darauf kommt es an, dass man nicht bloß in Gedanken, sondern im Leben diese beiden Gebiete trennt.

Daher muss, wenn heute von einer Gesundung des sozialen Organismus gesprochen wird, davon gesprochen werden, dass in einem gesunden sozialen Organismus auf der einen Seite der Wirtschaftskörper ist, in dem es sich bloß um Warenzirkulation handelt, auf der anderen Seite der Rechtskörper. Beide Körper haben ihre eigene Gesetzgebung, beide haben ihre eigene Verwaltung.

Die Gesetzgebung und die Verwaltung des Wirtschaftskörpers ergeben sich aus dem wirtschaftlichen Zirkulationsprozess der Waren heraus, aus den Bedürfnissen dieses Zirkulationsprozesses selbst. Aus ganz anderen Voraussetzungen heraus wird sich das ergeben, was im

Rechtskörper über das Verhältnis von Mensch zu Mensch festgelegt wird.

Wie souveräne «Staaten» müssen nebeneinander stehen das staatliche Leben – das die Festsetzung der öffentlichen Rechte, die Sicherheit zu umfassen hat, das, was man im engeren Sinne politisch nennt –, und das Wirtschaftsleben. Wie souveräne Staaten müssen sie nebeneinanderstehen. Gerade dann werden sie am besten ineinander eingreifen, wie die einzelnen Glieder des physischen Organismus ineinander eingreifen, weil sie selbstständig sind.

Wem das zu kompliziert erscheint, der möge sich sagen, dass es nicht darauf ankommt, ob einem etwas kompliziert oder nicht kompliziert erscheint, sondern ob es dem Leben gegenüber notwendig ist. Denn das Leben ist kompliziert.

Sobald das Rechtsleben sich in gesunder Weise von dem Wirtschaftsleben abhebt, tritt die Sozialisierung des sozialen Organismus ein. Denn das Rechtsleben wirkt sozialisierend aus dem demokratischen Prinzip heraus, das ihm zugrunde liegen muss.

Meine sehr verehrten Anwesenden! Den Gesichtspunkt, von dem aus diese Anschauung vertreten wird, wird man in der rechten Weise nur würdigen, wenn man den Unterschied zwischen einem Denken macht, das sich abstrakt vom Leben abwendet, und einem Denken, das konkret mit der Wirklichkeit des Lebens verwachsen ist, das in die Wirklichkeit des Lebens untertaucht.

In der Naturwissenschaft kann man noch zur Not mit einem abstrakten Denken auskommen. Dem sozialen Leben gegenüber kann man das nicht, dem sozialen Leben gegenüber ist ein wirklichkeitsgemäßes Denken notwendig. Deshalb weist dieses Denken auf die Notwendigkeit einer Gliederung des sozialen Organismus hin, denn sie ist das Allernotwendigste.

Wer sich heute ausdenkt, wie das Wirtschaftsleben sich gestalten soll, damit die Arbeitskraft des Proletariers des Warencharakters entkleidet wird, der wird nicht viel erreichen. Er wird nach seinen Denkgewohnheiten aus den bestehenden Verhältnissen urteilen, und er wird des Glaubens sein, dass man auf so einfache Weise das Richtige finden kann.

Man kann aber nicht auf so einfache Weise das Richtige finden. Das Richtige kann überhaupt nicht durch den einzelnen Menschen gefunden werden, sondern das Richtige soll gerade durch das menschliche Zusammenleben gefunden werden. Dann muss aber dieses menschliche Zusammenleben in der richtigen Weise gegliedert werden.

Deshalb weist die hier vertretene Anschauung darauf hin: Wenn auf der einen Seite der Wirtschaftskörper in seiner Selbstständigkeit besteht, und wenn auf der anderen Seite ein selbstständiger Rechtskörper besteht, dann werden dieselben Menschen, die im Wirtschaftskörper nur Wirtschaftsinteressen vertreten, wenn sie für den Rechtskörper, für dessen Gesetzgebung oder Verwaltung gewählt werden, sie werden da, weil sie mit ganz anderen Menschengruppen zusammenkommen, mit diesen so zusammenkommen, dass nur von dem Verhältnis von Mensch zu Mensch die Rede sein kann. Sie werden da nicht wirtschaftliche Interessen vertreten, sondern sie werden reine Menscheninteressen, soziale Menscheninteressen vertreten.

Dass der Rechtsorganismus neben dem Wirtschaftsorganismus besteht, darauf kommt es an. Denn dann wird das, was richtig ist, sei es in Bezug auf Steuergesetzgebung, sei es in Bezug auf irgendetwas anderes, dann wird aus diesem selbstständigen Rechtsorganismus das Entsprechende, das Gesunde herauskommen.

Man kann glauben, dass manches, was man heute versucht, dem ähnlich sei, was hier gefordert wird. Wer aber tiefer auf die Sache eingeht, der wird finden, dass gerade das gewohnte Denken der heutigen Zeit im entgegengesetzten Sinne verläuft. Ein Götzendienst gegenüber dem Staat ist das, was in allen Gemütern Platz gegriffen hat: Das Wirtschaftsleben und der Staat, das politische Leben und der wirtschaftliche Prozess sollen eine Einheit werden!

Wie gesagt, in diesem Punkt sehen Proletarier und Nichtproletarier nicht das Richtige. Nicht darauf kommt es an, dass man ein soziales Programm aufstellt, sondern darauf kommt es an, dass man einsieht, wie sich das menschliche Gesellschaftsleben entwickeln muss, damit dann aus diesem Gesellschaftsleben heraus durch das, was die Menschen tun werden, das Gesunde entsteht, das Gesunde sich bildet.

In der neueren Zeit hat man diesem Gesunden gerade widerstrebt. Immer mehr fand man Geschmack an dem Verstaatlichen. Und diejenigen, die sich ihr privates Wirtschaftsleben zurückbehalten wollten, suchten sich an den Staat anzulehnen, um mithilfe des Staates ihre Privatinteressen vertreten zu können.

Eine Konfundierung, eine Zusammenschmelzung des Wirtschaftslebens mit dem Staatsleben, die beide für einen gesunden sozialen Organismus streng getrennt gehalten werden müssen, eine solche Zusammenschmelzung ist für viele gerade ein Ideal geworden.

In einer ähnlichen Weise verhält sich die Sache in Bezug auf das Geistesleben.

Die soziale Frage ist heute nicht eine einheitliche. Sie ist in dem Sinne, wie ich das eben auseinandergesetzt habe, erstens eine Wirtschaftsfrage und zweitens eine Rechtsfrage. Sie ist dadurch eine

Rechtsfrage, dass nach Mitteln und Wegen gesucht werden muss, wie durch das rechte Zusammenwirken der Menschen im sozialen Organismus die Arbeitskraft aus der Warenzirkulation herausgehoben wird. Sie ist, diese soziale Frage, eine Rechtsfrage, weil eingesehen werden muss, dass gerade das selbstständige Rechtsleben das ist, was sozialisierend wirkt, jenes selbstständige Rechtsleben, von dem wir heute durch den Hergang der neueren Geschichte nicht einmal die Ansätze haben.

Aber etwas Ähnliches muss in Bezug auf das Geistesleben gesagt werden, von dem ich in den letzten Vorträgen angedeutet habe, wie tief es in die proletarische Frage der Gegenwart eingreift, ohne dass sich Proletarier und Nichtproletarier die richtigen Vorstellungen darüber machen.

Auf eines habe ich bereits hingewiesen. Immer wieder kann derjenige, der nicht über das Proletariat, sondern mit dem Proletariat denkt, vom Proletariat selbst hören:

> Was sich im Geistesleben abspielt, alles Künstlerische, alles Religiöse, alles Wissenschaftliche, Sitte, Recht und so weiter, das ist alles eine Ideologie, das ist nichts, was eine ihm eigene, selbstständige Wirklichkeit in sich hat, sondern

> es ist etwas, was sich aus dem Wirtschaftsprozess heraus ergibt, was ein Überbau des Wirtschaftsprozesses ist. Je nach den wirtschaftlichen Verhältnissen, in denen die Klassen im geschichtlichen Verlauf der Menschheit standen, je nachdem, wie sie heute stehen, je nach der Art und Weise, wie der Einzelmensch mit dem zusammenhängt, was er im wirtschaftlichen Leben zu tun hat, je nachdem bildet er sich wissenschaftliche Vorstellungen, künstlerische Empfindungen, religiösen Glauben aus. Es spiegelt sich dieses wirtschaftliche, rein materielle Leben in diesen Vorstellungen, in diesen Empfindungen. Diese Vorstellungen, diese Empfindungen wirken wiederum zurück auf die Einrichtungen wirtschaftlicher Art, aber ursprünglich wurzeln diese Vorstellungen und Empfindungen im rein materiellen Wirtschaftsleben, sind bloß dessen Spiegelbild.

Das ist Grundüberzeugung der heutigen proletarischen Seele. Das kann man immer wieder hören, und das schließt sich in das Wort ein: Alles geistige Leben ist nur eine «Ideologie».

Und man hat sehen können, wie diese Stellung zum geistigen Leben aus der ganzen Veranlagung des Proletariats heraus die proletarische Seele erfüllt, auch wenn sie dies nicht klar sieht, weil es sich in unterbewussten Begriffen abspielt. Diese Dinge sind nur aus dem Leben zu lernen.

Ganz anders wirkt das moderne wissenschaftlich orientierte Denken, das sich gleichzeitig mit der Entwicklung der modernen Technik und des modernen Kapitalismus heraufgebildet hat, ganz anders wirkt dieses Denken auf den Angehörigen der leitenden Menschenklasse als auf den Proletarier.

So sehr auch die leitenden Menschenklassen immer wieder geneigt sind, zu sagen: Ach was! Der Proletarier will doch nicht aus irgendeiner wissenschaftlichen Vorstellungsart das, was er fordert, sondern es ist eine reine Brotfrage! Gewiss, es ist auch eine Brotfrage, aber wie diese Brotfrage zutage tritt, das hängt mit ganz anderen Dingen zusammen, das ist nicht so banausisch orientiert, wie viele Angehörige der leitenden Kreise glauben.

Wahr ist dieses, dass in der Zeit, als das Geistesleben der Menschen in den leitenden Kreisen die Form der wissenschaftlichen Weltanschauung angenommen hat, dass gerade in dieser Zeit der Arbeiter an die Maschine, an die Fabrik geknüpft wurde. Er wurde aus den alten Lebenszusammenhängen herausgerissen und hatte keinen Lebenszusammenhang mehr. Denn an der öden Maschine und in dem seelenlosen Kapitalismus ergibt sich für ihn kein Lebenszusammenhang.

Da war er genötigt, das, was ihm Antwort auf die Frage gibt, was bin ich als Mensch in der Welt und in der Gesellschaft, aus sich selbst heraus zu beantworten, aus seinem tiefsten Inneren heraus zu beantworten. Da wandte er sein großes Vertrauen, sein grenzenloses Vertrauen den leitenden Kreisen zu und entnahm diesen leitenden Kreisen als Erbgut die wissenschaftliche Weltanschauung.

Dieser gegenüber war aber der Proletarier in einer ganz anderen Lage als die Angehörigen der leitenden Kreise.

Diese leitenden Kreise konnten zu jener modernen Wissenschaft übergehen, die über das Natürliche, auch über den natürlichen Hergang der menschlichen Entwicklung vom niedersten Lebewesen bis zum heutigen Menschen Auskunft gibt. Aber diese leitenden Kreise brauchen sich nicht die Frage zu stellen, wie stehe ich in der menschlichen Gesellschaft, wenn das wahr ist über den Menschen. Sie haben ihre alten Traditionen, auch wenn sie an diese Traditionen nicht mehr glauben, auch wenn sie Freigeister oder Atheisten sind. Sie stehen in der menschlichen Gesellschaft nicht nach dem Grundsatz der wissenschaftlichen Weltanschauung, sondern aus alten religiösen und sozialen Impulsen heraus, die mit der heutigen wissenschaftlichen Weltanschauung nichts zu tun haben.

Meine sehr verehrten Anwesenden! Man kann ein Naturforscher wie Vogt, ein naturwissenschaftlicher Popularisator wie Büchner sein, man kann völlig davon überzeugt sein, dass alles, was geschieht, nur in der Naturordnung drinnen liegt, aber man wird dadurch nur zu einer theoretischen Überzeugung für den Kopf kommen. Mit seinem ganzen Menschen steht man in einer menschlichen Gesellschaftsordnung drinnen, deren Struktur auf ganz andere Weise bedingt ist als durch solch wissenschaftliche Weltanschauung.

Das muss man im Leben lernen, was das bedeutet, dass der bürgerliche Mensch durch die wissenschaftliche Denkweise eine Überzeugung bloß für den Kopf gewinnt. Der Proletarier aber braucht das, was dem anderen Menschen die Religion gibt, und er verlangt es von der wissenschaftlichen Weltanschauung.

Man kann, wenn man sich vom Leben belehren lässt, den Unterschied bemerken, wie anders die wissenschaftliche Weltanschauung bei dem Angehörigen der leitenden Kreise aus der Seele heraus spricht, und wie anders es in die Seele des Proletariers hineinzieht, wenn man ihm von dieser wissenschaftlichen Weltanschauung spricht, die ihm seine Stellung als Mensch unter Menschen, seine Stellung als Mensch in der menschlichen Gesellschaft und in der Welt überhaupt anweisen soll.

Ich will ein Beispiel anführen, das leicht verhundertfacht werden kann. Ich stand einmal auf demselben Podium vor einer großen

Versammlung des Berliner Proletariats, zusammen mit der kürzlich auf tragische Weise gestorbenen Rosa Luxemburg.

Rosa Luxemburg sprach damals zu den Proletariern über die Wissenschaft und die Arbeiter. Sie sprach einfach und zündend, sie sprach wie jemand, der im Sinne der modernen wissenschaftlichen Weltanschauung spricht. Sie machte diesen Leuten klar, dass es ein Vorurteil ist, wenn man glaubt, der Mensch stammt von irgendetwas ab, was engelgleich ist, was in einem geistigen Leben der Vorzeit wurzelt.

Nein, sagte sie, solch ein Engel war der Mensch nicht in der Vorzeit, solch ein Engel war der Mensch überhaupt nicht an der Stätte des Urmenschen. Höchst unanständig verhielt er sich, indem er wie ein Affe auf Bäume kletterte, und aus solchen Anfängen hat er sich zu seinem heutigen Dasein emporgehoben.

Das begründet nicht die Unterschiede, die heute in der gesellschaftlichen Ordnung gemacht werden, das begründet ein ganz anderes Bewusstsein des Menschen als Mensch.

Meine sehr verehrten Anwesenden! Das ist etwas, was der Proletarier immer wieder gehört hat. Und wenn man von dem «ungebildeten Proletariat» spricht, so weiß man nicht, was in der proletarischen Bewegung vorgeht. Das ist etwas, was die Seele des Proletariers ganz anders erfasst, erfasst mit der Kraft eines Glaubensbekenntnisses, als bei den leitenden Kreisen die Seele davon erfasst wird. Auf das muss man hinsehen. Und dann wird man dafür geschult, darüber nachzudenken, woher das kommt. Dann gelangt man zu Folgendem.

Dann gelangt man dazu, sich die Frage zu beantworten, wie es gekommen ist, als gleichzeitig mit der Entwicklung der modernen Technik und des modernen Kapitalismus sich ein anderes ergeben hat. Das andere, das sich ergeben hat, ist die Art, wie sich das Geistesleben aus den Interessen der Menschen heraus entwickelt hat.

Die Interessen der leitenden, der bisher leitenden Kreise, waren mit dem heraufkommenden Staat verbunden. Was wir heute «Staat» nennen, ist erst vier Jahrhunderte alt. Es ist ein Vorurteil, zu glauben, dass es in der geschichtlichen Entwicklung immer Staaten im heutigen Sinne gegeben hat. Die frühere Entwicklung war etwas ganz anderes.

Mit dem, was sich da als Staat heraufentwickelt hat, haben sich die Interessen der leitenden, führenden Kreise verbunden. Nur die Interessen des modernen Proletariats hat man davon ausgeschlossen, die sind durch den modernen Wirtschaftsprozess ausgeschlossen worden. Die Folge davon ist: Ebenso wie in der neueren Zeit einzelne Kreise einzelne Gebiete des Wirtschaftslebens in den Staat hineingeleitet haben, so wurde das geistige Leben in den Staat hineingeleitet – die

Grundschulen, die Mittelschulen und die Hochschulen. Man strebte danach, immer mehr in dieses rein politische Leben des Staates hineinzuleiten. Was geschah dadurch?

Dadurch geschah, dass der Staat das geistige Leben aussog. Wer den Prozess genau verfolgt, der sich hier abgespielt hat, der weiß, dass dadurch nicht bloß die Verwaltung, die Gesetzgebung dieses geistigen Lebens vom Staat abhängig geworden ist, sondern dass auch der Inhalt der sogenannten Wissenschaft und der anderen geistigen Zweige gar sehr von dem Staatsleben der bisher leitenden Kreise abhängig geworden ist. Der Staat wurde das Maßgebende für die Inhalte der geistigen Betätigung der Menschen.

Daher kam es, dass der Staat seine Interessen durch diese geistigen Inhalte vertreten ließ. Und die Folge davon war, dass das, was im geistigen Leben zutage trat, nur ein Spiegelbild, nur ein Überbau der Interessen wurde, die von den leitenden Kreisen mit dem Staatsleben verbunden wurden.

Das ist die Wahrheit, dass durch einen historischen Vorgang das geistige Leben zu einem Überbau, zu einer Ideologie geworden ist in der Zeit, in der das Proletariat ausgeschlossen wurde von der Anteilnahme an diesem Staatsleben. Was konnte es anders wollen als so wie die anderen Klassen Anteil haben an diesem Staatsleben!

Und so sehen wir, dass dieses geistige Leben zu einem Spiegelbild dessen geworden ist, was sich draußen im rein politischen Leben abspielt nach den Interessen der leitenden Kreise.

Man wird sich gerade in der jetzigen Kriegskatastrophe davon überzeugen können. Wer sich die Mühe gemacht hat, zu verfolgen, was sich über den Hergang deutscher Geschichte mit ihrem Gipfelpunkt in dieser Kriegskatastrophe abgespielt hat, der wird sehen, dass das, was die Gelehrten den Menschen als «Geschichte» erzählt haben, nur ein Ausdruck der verschiedenen Gebiete des Staatswillens der herrschenden Mächte war.

Denn ich möchte einmal die Frage stellen: Wird die Geschichte der Hohenzollern in Zukunft ebenso aussehen, wie sie bisher ausgesehen hat? Sie wird verraten, dass sie bisher ein Spiegelbild dessen war, was die leitenden Kreise haben wollten nach der Macht, die sie hatten. An einem solchen Beispiel ist es besonders auffällig, aber diese Beispiele könnten vermehrt werden durch etwas, bei dem sich das Entsprechende vielleicht nicht so radikal zeigt, aber gerade dadurch, dass es verborgen wird, um so wirksamer ist.

Das sah, meine sehr verehrten Anwesenden, der moderne Proletarier. Daraus bildete er sich die Ansicht, dass überhaupt alles Geistesleben bloß eine Spiegelung, bloß ein Überbau dessen ist, was sich unten im realen Wirtschaftsprozess abspielt. Da ihm die Anteilnahme an dem politischen Leben entzogen war, bildete er sich die Ansicht, dass alles Geistige nur eine Spiegelung des Wirtschaftsprozesses als solchem ist.

Wer die Möglichkeit hat, in diese Verhältnisse einzudringen, der wird zu der Einsicht kommen, dass, als in der Morgenröte der neueren Zeit das Proletariat den leitenden Kreisen das große Vertrauen entgegenbrachte, von ihnen als Erbgut das entgegenzunehmen, was sich im geistigen Leben herausgebildet hatte, dass das zu einem unselig fruchtenden Erbgut geworden war.

Und so ist es gekommen, dass der moderne Proletarier in Verhältnisse hineingestellt worden ist, die er als menschenunwürdig empfindet, dass er aber heute noch immer über diese Verhältnisse in demselben Sinne fortdenkt, wie er es von den leitenden Kreisen gelernt hat.

In dieser Beziehung, meine sehr verehrten Anwesenden, macht man die merkwürdigsten Erfahrungen über menschliche Illusionen.

Wer da weiß, dass in der proletarischen Seele gerade die letzten Konsequenzen des bürgerlichen Denkens wuchern, der weiß, dass es notwendig ist, dass die soziale Frage auch in ihrem dritten Glied, als Geistesfrage, begriffen wird. Nur dann wird sie als Geistesfrage begriffen, wenn das Proletariat zu allem übrigen, was es in seiner Seele erlebt, das erlebt, dass es anders denken will, als es von den leitenden Kreisen gelernt hat.

Das erwartet gerade der, der in die Vorgänge der neueren Geschichte tiefer hineinschaut. Vielleicht wird es noch schreckhafter sein als das, was heute vorgeht, für den, der durch so etwas erschrickt, wenn nicht einmal die Proletarier zu der Einsicht kommen, dass sie nicht die Verhältnisse umzuwandeln haben, in denen sie sich unglücklich fühlen, sondern dass die Menschen umzudenken haben, über die Verhältnisse anders zu denken haben.

Man wird darauf kommen, dass das überwunden werden muss, was neuzeitliche wissenschaftliche Weltanschauung ist, und dass entgegengenommen werden muss ein neues Geistesleben – ein neues Geistesleben, für das gerade der Proletarier, weil er der Erste ist, der an dem alten Geistesleben irre geworden ist, in der richtigen Weise vorbereitet ist. Gerade der Proletarier ist der rechte moderne Mensch, während die anderen von dem nicht loskommen, was alte Traditionen sind.

Man hat insbesondere mir – verzeihen Sie, wenn ich etwas Persönliches erwähne –, man hat insbesondere mir den Einwand gemacht: Nun, du sprichst von einem geistigen Leben, das du für das Richtige hältst. Glaubst du, dass die heutigen Proletarier dieses geistige Leben williger entgegennehmen als die Bourgeoisie oder andere führende Klassen?

Ich glaube das nicht für die heutige Zeit, denn die Tatsachen sprechen vom Gegenteil. Aber urteilen die Proletarier jetzt schon als Proletarier? Sind die Proletarier frei genug geworden, um aus ihrem eigenen Inneren, aus ihrem wirklichen Inneren ein Urteil zu gewinnen? Haben sie nicht mit der wissenschaftlichen Weltanschauung ihre ganze innere Gesinnung von den leitenden Kreisen empfangen?

Die leitenden Kreise sind, weil sie in alten Traditionen leben, und weil dieses neue Geistesleben radikal mit diesen Traditionen in Bezug auf Denken, Empfinden und Wollen des Menschen brechen muss, die leitenden Kreise sind selbstverständlich gegen dieses neue Geistesleben. Und dagegen zu sein, haben die Proletarier von diesen leitenden Kreisen gelernt.

Wenn aber einmal der Zeitpunkt eintreten wird, wo der Proletarier empfindet, dass durch den Mangel an einem freien Geistesleben die menschliche Seele veröden muss, dass etwas ganz anderes notwendig ist als eine bloße Ideologie, als ein bloßes Spiegelbild der rein materiellen Wirklichkeit, dann wird er ganz gewiss nicht zu den alten Traditionen zurückwollen, sondern er wird die Erkenntnis des Zusammenhangs zwischen dem Menschen und der geistigen Welt suchen.

In der rechten Weise wird sich diese Erkenntnis des Zusammenhangs des Menschen mit der geistigen Welt in den sozialen Organismus nur hineinstellen, wenn sich zu den beiden schon erwähnten Gliedern des sozialen Organismus ein Drittes hinstellt, wenn das rückgängig gemacht wird, wozu die Entwicklung der letzten Jahrhunderte hingedrängt hat: wenn das, was auf dem Gebiet des geistigen Lebens verstaatlicht worden ist, wieder entstaatlicht wird, wenn

- neben dem in sich selbstständigen *Wirtschaftskörper* und
- neben dem in sich selbstständigen *Rechtskörper*
- ein drittes Gebiet des sozialen Organismus steht, das *Gebiet des geistigen Lebens,*

das befreit ist von allen anderen Einflüssen und Impulsen, das rein auf sich selbst gestellt ist. Nur dann kann Geistesleben gedeihen, nur dann kann es den Menschen wirklich ergreifen, wenn dieses Geistesleben aus der freien Initiative des Menschen hervorgeht.

Man kann etwas lernen, auch wenn Gewalten dazu zwingen. Aber den Geist so auf sich wirken zu lassen, den Geist so zu erleben, wie es allein für das menschliche Zusammenleben wirksam ist, das kann man nur, wenn der Geist auf sich selbst gestellt ist.

So sonderbar das für die Denkgewohnheiten der heutigen Menschen noch klingen mag: Wir müssen der Zeit zustreben, wo nicht nur der Wirtschaftskörper aus seinen eigenen Verhältnissen heraus seine eigene Gesetzgebung und Verwaltung hat, wo nicht nur das Rechtsleben seine demokratische Struktur aus dem Verhältnis von Mensch zu Mensch erhält, sondern wo auch das geistige Leben in völliger Unabhängigkeit von Wirtschaft und Staat rein auf sich selbst gestellt ist, sodass es durch seine Hervorbringungen dem Staats- und dem Wirtschaftsleben Gutes geben kann, weil es sie erst tatkräftig auf seinem eigenen Gebiet entwickelt.

Über diese Sache denken die Menschen heute noch sehr rückschrittlich. Sie denken nach bequemen Denkgewohnheiten. Man kann es immer wieder erleben, dass auch in Bezug auf den geistigen Teil des sozialen Lebens die Frage aufgeworfen wird: Was wollen denn die Proletarier? Gibt es nicht heute Bestrebungen genug, werden nicht alle möglichen Bildungsvereine gegründet, von den leitenden Kreisen Vorträge veranstaltet, sonstige Unterrichtsmöglichkeiten für das Proletariat gegeben?

Meine sehr verehrten Anwesenden! Das Proletariat mag zu all dem hingehen. Was empfängt es aber dort? Es empfängt, was es schon seit Jahrhunderten empfangen hat, und was es als eine Ideologie empfindet, als einen bloßen Überbau der Wirtschaftsordnung, was es für die Entwicklung seiner Seele nicht brauchen kann. Mag man gutwillig das alles begründen, es hat keinen Wert für die Gesundung des sozialen Organismus.

Für die Gesundung des sozialen Organismus hat es nur einen Wert, wenn man sich einer Geistesrichtung zuwendet, die sich von den beiden anderen sozialen Gebieten unabhängig macht, die wirkliches Geistesleben in die Entwicklung der Menschheit hineinzubringen geeignet ist.

Was wird die Folge sein, dass dieses Geistesleben dem Menschen für sein ganzes Menschenwesen und für das Bewusstsein seiner Menschenwürde das Gepräge aufdrückt, dass es ihm ein wirkliches Lebensgut sein kann?

Von dem Geistesleben, das als ein Erbgut von den leitenden Kreisen auf das Proletariat übergegangen ist, von dem kann das Proletariat nur denken, dass es zur Unterhaltung für die leitenden Kreise da ist. In den meisten Fällen ist es auch nur dazu da. Die leitenden Kreise, sie haben es dahin gebracht, dass sie gerade mit ihrem Geistesleben eine geschlossene Gesellschaft für sich bilden.

Das ist der Abgrund zwischen dem, was als Kunst, als Religion, als Wissenschaft, selbst als Sitte und Recht der Angehörige der leitenden Kreise für sich bekommen hat, und was derjenige, der außerhalb dieser leitenden Kreise als Proletarier steht, gar nicht verstehen kann, zu dem er gar kein Verhältnis gewinnen kann, weil es aus den Impulsen der leitenden Kreise herausgeboren ist, die bezwecken, diese leitenden Kreise zu einer geschlossenen Gesellschaft zu machen.

Gegenseitige Verständigung ist nur möglich, wenn ein gemeinsames Geistesleben da ist.

Dieses gemeinsame Geistesleben kann auf der Grundlage des sozialisierend wirkenden Rechtsstaats erwachsen, der sich aus dem Wirtschaftskörper herausgliedert, und es kann auf der anderen Seite erwachsen, wenn sich das geistige Leben selbst von den beiden anderen Gewalten völlig emanzipiert. Denn dieses geistige Leben wird eine ganz andere Stoßkraft haben als das, was man heute als das geistige Leben ansieht.

Dieses geistige Leben wird seelentragend sein, wird ganz anders den Menschen erfüllen, als ihn einstmals die religiösen Anschauungen erfüllten, zu denen das moderne Proletariat nicht wieder zurückkehren kann.

So ist die soziale Frage im eminentesten Sinn eine Geistesfrage, meine sehr verehrten Anwesenden! Es ist das Lechzen nach einem neuen Geistesleben. Und einen Lösungsversuch auf diesem Gebiet kann es nur dadurch geben, dass man sich einen Sinn für das erwirbt, was als ein unabhängiges Geistesleben in die Menschheit hineinziehen will.

Einwände sind immer billig. Man kann bei der alleruntersten Schule anfangen, über die gesagt wird: Nun ja, machen wir die Schule frei, sodass ihr Unterhalt bloß auf dem beruht, was die Menschen freiwillig für sie hingeben, dann werden wir wieder zum Zeitalter des Analphabetismus zurückkehren!

Das werden wir nicht, meine sehr verehrten Anwesenden, ebenso wenig wie die höheren Schulen leiden werden, wenn sie von anderen Gewalten befreit werden, sondern wir werden sehen, dass gerade dann, wenn dieses Geistesleben sich von anderen Gewalten emanzipiert hat, es in der richtigen Weise auf die Menschen zurückwirkt, die im Wirtschafts- und Rechtsleben drinstehen. Es wird so zurückwirken, weil sie dann das Bewusstsein in sich tragen, aus freiem Willen zu diesem Geistesleben hinzustreben, damit sie gesundend in den übrigen sozialen Organismus hineinwirken können.

Nicht darauf kommt es an, was der eine oder andere heute in Bezug auf einen gesunden sozialen Organismus will, sondern was die Menschen tun werden, wenn man ihn anstrebt, oder wenn er bis zu einem gewissen Grad verwirklicht ist. Die Menschen werden dann zum Beispiel zu dem Verwaltungskörper des Rechtsstaats nur denjenigen zulassen, der eine gewisse Schulbildung hat.

Ich glaube, zu denen zu gehören, die nicht nur über das Proletariat, sondern auch mit dem Proletariat denken können. Ich weiß, was sich in den Menschen geltend machen wird, die aus dem modernen Proletariat herauswachsen und sich in den gesunden, dreigliedrigen sozialen

Organismus hineingliedern. Diese Menschen werden es nicht ablehnen, ins politische Leben nur diejenigen zuzulassen, die eine gewisse Schulbildung erlangt haben. Damit wird aber der Analphabetismus aufhören, auch wo er heute noch besteht. Er wird nicht von Neuem anfangen.

So beantworten sich konkrete Fragen, indem es vor allen Dingen wichtig ist, auf die großen Impulse hinzuweisen. Eine wirklichkeitsgemäße Anschauung brauchen wir heute über diese Dinge, eine solche Anschauung, die in das Leben untertaucht und sich Vorstellungen über die Formen macht, die das Leben annehmen muss, damit in diesem Leben die Menschen aus ihren Impulsen heraus den sozialen Organismus zu einem gesunden Organismus machen.

Denn das muss immer wieder gesagt werden: Die soziale Frage ist heraufgezogen, sie zeigt sich in gewaltigen Tatsachen, in für manche recht schrecklichen Tatsachen. Sie ist nicht so heraufgezogen, als ob man sie durch dies oder jenes schon morgen lösen könnte – und dann wäre sie gelöst, dann würde sie aufhören.

Nein, die Entwicklung der Menschheit ist so, dass diese soziale Frage da ist, dass sie in dieser dreifachen Weise angesehen werden muss: als Wirtschafts-, als Rechts- und als Geistesfrage. Wenn die Menschen sie so sehen, wenn eine Empfindung davon so zur sozialen Empfindung wird, dass es für den Menschen zu einer selbstverständlichen

Forderung wird, den sozialen Organismus in seinen drei Gliedern auseinanderzuhalten, dann wird aus dem menschlichen Verhalten eine fortdauernde Lösung dieser sozialen Frage erfolgen.

Denn das Wirtschaftsleben wird den Menschen immer «verbrauchen». Das Rechtsleben muss ihn immer vor diesem Verbrauchtwerden bewahren, immer vor dem behüten, was das Wirtschaftsleben will. Die soziale Frage kann nicht auf einmal gelöst werden, sie wird im fortwährenden Werden gelöst. Einblick in sie gewinnen heißt, sich in das Werden der Menschheit vertiefen, wie es seine Morgenröte in der Gegenwart hat, wie ihm die Sonne immer mehr gegen die Zukunft hin aufgehen muss.

Ein wirklichkeitsgemäßes Anschauen muss die soziale Frage in ganz anderer Weise sehen, als man sie gewöhnlich sieht. Man denkt, durch dieses oder jenes könne man sie lösen.

Nur dadurch kann man sie lösen, dass man seine Hand zu einer Umgestaltung des sozialen Organismus selbst bietet, zu seiner Umformung zu einem Organismus, der die drei geschilderten Glieder hat, die dann, wenn sie selbstständig sind, in der richtigen Weise zusammenwirken. Solange man sich nicht auf diese Dinge einlässt, wird man in der sozialen Frage nicht eine wirkliche Heilung des sozialen Organismus betreiben. Woher auch der Versuch kommen mag, von proletarischer oder nicht proletarischer Seite, man wird Kurpfuscherei betreiben.

Die Dinge sind heute so weit gediehen, meine sehr verehrten Anwesenden, dass man sich die Frage vorlegen muss: Wodurch betreibt man auf diesem Gebiet nicht Kurpfuscherei, sondern wirkliche Heilkunst?

Selbstverständlich denke ich nicht daran, dass eine solche Sache von heute auf morgen erreicht werden kann. Daran denken auch die Sozialisten nicht, sie reden von einer langsamen Entwicklung, insofern sie auf dem Boden des Vernünftigen stehen. Aber bei jeder einzelnen Maßregel, die der Mensch ergreift, kann er heute schon sein Denken und sein Handeln zu einer Dreigliederung des sozialen Organismus hinorientieren.

Wenn in denen, die an dem Werden der sozialen Ordnung Anteil nehmen wollen – und das ist an seinem Platz jedem Menschen gegönnt, dem einen mit größerer, dem anderen mit geringerer Verantwortlichkeit –, wenn in denen der Ausblick reift: Es muss sich der soziale Organismus in die drei charakterisierten Gebiete gliedern, wenn alles, was in der Gesetzgebung gemacht wird, alles, was in der Verwaltung gemacht wird, alles, was im gewöhnlichen Leben gemacht wird, in dieser Weise orientiert wird, dann gehen wir dem entgegen, dem wir entgegengehen müssen.

Man denkt leicht darüber nach: Wie wird durch den sozialen Organismus das Glück des Menschen begründet? Das ist kein richtiger

Gedanke. Ein richtiger Gedanke ist der, meine sehr verehrten Anwesenden, dass man sich klarmacht: Wodurch ist der soziale Organismus lebensfähig, wodurch ist der soziale Organismus gesund?

Dann wird sich gerade dadurch, dass sich das geistige Leben von anderen Gewalten emanzipiert hat, dass das Rechtsleben in seiner Selbstständigkeit dasteht und sozialisierend auf das Wirtschaftsleben wirkt, gerade dadurch wird sich die Möglichkeit ergeben, dass in diesem gesunden sozialen Organismus durch ganz andere Faktoren als durch seine Vorgänge selbst das begründet wird, was die Menschen ein glückliches Dasein nennen.

Der natürliche Organismus, er muss gesund sein. Dass er gesund ist, gibt uns das schon die Erhebung der Seele, ein befriedigendes Seelenleben? Nein, das gibt es uns nicht.

Unser physischer Organismus stimmt das Seelenleben herab, macht uns unglücklich, wenn er krank ist. Aber wenn er gesund ist, müssen wir noch nach etwas anderem trachten, um im gesunden Organismus eine erfreute, eine vom geistigen Leben erfüllte Seele zu haben. Wir werden das aber nur können, wenn wir den Organismus gesund halten, wenn uns nicht Krankheit lähmt.

Der soziale Organismus, er muss auch zur Lebensfähigkeit gebracht werden. Dann werden die Menschen, die in dem lebensfähigen, gesunden sozialen Organismus leben, sich aus anderen Faktoren des Lebens heraus ihr Glück begründen können.

Die proletarische Menschheit kann es heute nicht, denn sie ist an den bloßen Wirtschaftsorganismus gefesselt. Sie muss befreit werden, im gesunden sozialen Organismus befreit werden von dem bloßen Wirtschaftsleben. Dann erst wird der soziale Impuls gerade in der proletarischen Menschheit den rechten neuzeitlichen Charakter annehmen können.

Indem man diese Dinge ausspricht, muss ihr Gewicht für das gegenwärtige Leben gefühlt werden, meine sehr verehrten Anwesenden. In diesen Dingen steht der, der sich ihnen mit innerem Verständnis hingibt, nicht so darin, dass er bloß eine Ansicht gewinnen will oder bloß recht haben will, sondern er steht so darin, dass er daran denkt, das zu gewinnen, was ins Leben eingreifen kann, was in die Herzen der Menschen einziehen kann, in ihre Seelen, aus denen ihre Handlungen hervorgehen.

Was ich hier ausspreche, ich habe es seit längerer Zeit ausgesprochen, auch während die furchtbare Kriegskatastrophe gewütet hat. Ich habe es Menschen, die damals in führender Stellung waren, mit den Worten gesagt: Nicht erfunden ist es; man soll nicht denken, ich vertrete irgendetwas Ausgedachtes, sondern das, was hier vertreten wird, das ist aus dem Anschauen der Entwicklungskräfte der Menschheit entnommen, namentlich der europäischen Menschheit, für die nächsten zehn, zwanzig, dreißig Jahre. Das will sich verwirklichen.

Dass es sich verwirklichen will, das hängt nicht von irgendeinem von uns ab. Es will sich verwirklichen, weil es in der Menschheitsentwicklung liegt und sich objektiv verwirklichen will. Man kann nur zu dem Menschen sagen, der in das soziale Leben eingreifen will: Du hast die Wahl, entweder im Sinne dieser Kräfte einzugreifen oder dich dagegenzustemmen. Im ersteren Fall ist es möglich, der Zeitentwicklung durch Vernunft zu dienen; im anderen Fall hat man Revolutionen und Kataklysmen (Katastrophen) zu erwarten. Diese Revolutionen und Kataklysmen sind schneller gekommen, als manche geglaubt haben, zu denen ich vor Jahren davon gesprochen habe.

Jetzt nimmt das andere Formen an. Jetzt sind mehr Menschen da, die solchen Dingen Verständnis entgegenbringen, weil die Tatsachen heute deutlicher sprechen.

Aber ich sagte auch das Folgende denen, zu denen ich über dasselbe sprechen durfte, was ich hier auseinandergesetzt habe, ich sagte: Ich könnte mir denken, dass die Menschen darangehen, die Dinge so anzupacken, dass sie sich in dieser Richtung bewegen, die da in der Behandlung der sozialen Frage angegeben wird. Dann könnte daraus etwas entstehen, was von dem, was ich heute sage, «keinen Stein auf dem anderen lässt», was aber doch heilsam ist.

Denn ich habe nicht den Glauben, dass ich so gescheit bin, alles Einzelne zu wissen, wie man es machen soll. Aber den Glauben habe ich, dass mit diesen Ideen die Wirklichkeit angepackt wird. Und lässt man sich auf die Wirklichkeit ein, dann werden die Menschen, die sich in diesen dreigliedrigen Organismus hineinstellen, so gescheit sein, dass sie zusammenwirkend das Richtige treffen.

Deshalb braucht von dem, was ich heute sage, kein Stein auf dem anderen zu bleiben, es kann alles anders kommen. Aber es wird so kommen, wie es in der Wirklichkeit der Entwicklung liegt. Das ist es, worauf es ankommt.

Deshalb war es mir eine Befriedigung, als ich sah, dass ein Aufruf, der zu den Menschen aus dem heraus sprechen will, was sich aus der furchtbaren Katastrophe der letzten Jahre ergibt, ein Aufruf, der in kurzen Worten das enthält, was in allen Einzelheiten zu begründen ist, dass dieser Aufruf in einer verhältnismäßig kurzen Zeit weit über hundert Unterschriften in Deutschland, gegen hundert Unterschriften unter den Deutschen Österreichs gefunden hat – und jetzt auch Unterschriften von Schweizer Persönlichkeiten, die wir für diese Sache ganz besonders werten müssen.

Und ich glaube, dass durch diesen Aufruf, der in der nächsten Zeit erscheinen soll, unterstützt von den Persönlichkeiten, die sich in Einklang mit einem solchen Wollen versetzen, wie es hier charakterisiert worden ist, dass mit diesem Aufruf ein Anfang gemacht wird. Ich werde dann dasjenige, was in diesem Aufruf nur angedeutet ist, was man bei diesem Aufruf mehr empfinden muss durch das, was man schon selbst versteht, ich werde es unterstützen durch das demnächst erscheinende Büchelchen: *Die Kernpunkte der sozialen Frage in den Lebensnotwendigkeiten der Gegenwart und Zukunft.* Dieses Büchelchen ist bereits im Druck.

Und so hoffe ich, meine sehr verehrten Anwesenden, dass gerade die Ideen, von denen ich glaube, dass sie einem wirklichkeitsgemäßen sozialen Anschauen entsprechen, in der heutigen schweren Zeit, unterstützt von einer größeren Anzahl von über sie nachdenkenden Menschen, in die menschlichen Seelen einziehen können. Das ist notwendig.

Die Tatsachen, die sich heute am Horizont des weltgeschichtlichen Werdens zeigen, diese Tatsachen fordern dies heraus. Ein Versäumnis wäre es, wenn nicht ein jeder an seinem Platz versuchte, ein Urteil zu gewinnen, das sich in seinen Handlungen verwirklicht, ein Urteil zu gewinnen darüber: Was tut not? Was ist die wahre Gestalt dessen, was soziale Bewegung genannt wird?

Heute muss man den Anfang mit dem machen, was in der Schulbildung das Einmaleins oder die vier Rechnungsarten sind. Man muss den Anfang machen mit der Einsicht: Die soziale Frage gestaltet sich

- als *Wirtschaftsfrage,*
- als *Rechtsfrage* und
- als *Geistesfrage.*

Die Menschheit wird zukünftig leben können, wenn sie fortdauernd, in immer wiederkehrenden Versuchen, innerhalb der Ausgestaltung der gesellschaftlichen Struktur die soziale Frage als Wirtschafts-, als Rechts- und als Geistesfrage lösen wird.

So stark sprechen die heutigen Tatsachen, und so stark greifen sie in das Leben vieler Menschen ein. Schon zeigt sich, dass sie in das Leben jedes einzelnen Menschen eingreifen. So stark zeigen sich diese Tatsachen, in einer solchen Gestalt offenbaren sie sich, dass sie den Menschen zu dem Urteil bringen: Ich muss mir irgendwelche Anschauungen auf diesem Gebiet aneignen. Ich darf nicht weiter mit schlafender Seele in dem heutigen Gewoge der Tatsachen drinstehen.

Wenn es nicht gelingt, ein Verständnis für eine aus der Seele herausgeborene Fortentwicklung dieser Ideen zu finden, dann müsste es dahin kommen, dass die Instinkte der Menschen Oberhand gewinnen, dass diese Instinkte die Entscheidung, die dann aber keine Entscheidung, sondern eine furchtbare Prüfung der Menschheit wäre, dass die Instinkte diese Prüfung, dieses grauenvolle Schicksal herbeiführen.

Angesichts dessen, was sich heute keimhaft zeigt, was aber, wenn jeder Einzelne mit sich zu Rate geht, noch abgewendet werden kann, das legt uns Worte auf die Zunge, die aus einem Herzen hervorquellen, das Anteil an dem Schicksal der Zeit und an dem Schicksal der Menschen in dieser Zeit nehmen will, die Worte: Man versuche, in das Wesen der sozialen Bewegung einzudringen, ehe es zu spät ist.

Basel, den 28. Februar 1919.

Die soziale Frage als Wirtschafts-, Rechts- u.Geistesfrage.

Sehr verehrte Anwesende!

Die Tatsachen, die sich heute abspielen auf dem Gebiete der sozialen Bewegung, und die für manchen schreckhaft sind, sie scheinen zu den Menschen, die sie betrachten, wahrhaftig eine neue Sprache zu führen, eine Sprache, die ungewohnt ist gegenüber all dem, was zu erfahren war im geschichtlichen Hergang der Menschheit. Muß man nicht gegenüber dem, was heute aus den Tiefen des sozialen Lebens an die Oberfläche geht, muß man nicht aus dem schließen, wie wenig eigentlich, trotzdem das, was man s o z i a l e F r a g e nennt, seit mehr als einem halben Jahrhunderte in der Menschheit vorbereitet worden ist, muß man nicht sagen, daß die Gedanken, die Willensimpulse der Menschen eigentlich recht schlecht auf dasjenige vorbereitet sind, was sich heute in den Tatsachen ausspricht? Man hat sehr häufig, wenn man Gelegenheit gehabt hat, Eingang zu gewinnen in den Bestand der w i r k - l i c h e n sozialen Bewegung seit Jahrzehnten, man hat sehr häufig Gelegenheit gehabt, zu bemerken, wie sozialistische Denker, solche Denker, die mit ihrem ganzen Wollen glauben drinnen zu stehen in der R i c h t u n g des proletarischen Wollens, wie solche

Denker immer wieder und wiederum darauf hinwiesen, daß die wirtschaftlichen Tatsachen selbst, die sich heraufgebildet haben in der Entwickelung der Menschen durch di moderne Technik und durch den Kapitalismus, daß diese wirtschaftlichen Tatsachen selbst durch ihre eigene Fortbewegung gewissermaßen etwas bringen werden wie eine Lösung der sozialen Frage. Wenn ich, was man da gedacht hat, kurz andeuten soll, so ist es etwa das Folgende:

Die Ausbreitung des Wirtschaftslebens mit der damit verbundenen Arbeitsteilung und allem anderen, was dazu gehört, das hat alles dazu geführt, daß allmählich konzentriert wurde die privatkapitalistische Wirtschaft in den Willen W e n i g e r, daß immer größere und größere Massen des Proletariats in diesen Willen Weniger eingespannt worden sind. Gehofft hat man, daß dasjenige, was sich so gewissermaßen wie eine wirtschaftliche Gewalt über das Proletariat ausspannte, daß das sich bis zu dem Punkte treiben werde, wo es sich selbst vernichtet, wo es gewissermaßen auf seinem eigenen Wege nicht mehr wird weiter kommen können, und wo dann das Proletariat in der Lage sein wird - wie gesagt - durch die Entwickelung der wirtschaftlichen Tatsachen selbst in der Lage sein wird, die Macht, von der sie früher beherrscht war, selbst in die Hand zu bekommen. Von radikal revolutionären Anschauungen, die in dieser Richtung in früheren Zeiten eine Rolle spielten, ist man zu mehr gesellschaftsreformerischen übergegangen, durch die man erwartete, durch die Maßnahmen, die innerhalb des geregelten staatlichen Lebens durch das Proletariat herbeigeführt werden können, werde sich dieser allmähliche Uebergang der wirtschaftlichen Macht von dem kapitalistischen Unternehmen auf das proletarische selbst vollziehen. Also man hat gewissermaßen gemeint, die objektiven, von den Menschen unabhängigen Tatsachen, sie werden eine gewisse Krise, und

Struktur die soziale Struktur als Wirtschafts-, Rechts- und Geistesfrage?

So stark sprechen die heutigen Tatsachen, und so stark greifen sie ein in das Leben vieler Menschen schon. Und schon zeigt sich, dass sie in das Leben jedes einzelnen Menschen eingreifen werden. So stark zeigen sich diese Tatsachen. In einer solchen Gestalt offenbaren sie sich, dass sie den Menschen doch zu dem Urteil, zur Empfindung bringen müssen: ich muss mir irgendwelche Anschauungen auf diesem Gebiete aneignen. Ich darf nicht weiter wie mit schlafender Seele in dem heutigen Gewoge der Tatsachen drinnen stehen. Sonst, wenn es n i c h t gelingen k a n n, irgendwelches Verständnis zu finden für eine aus der Seele herausgeborene Fortentwickelung in diesen Dingen, dann m ü s s t e es dahin kommen, dass einfach die Instinkte der Menschen Oberhand gewinnen, dass diese Instinkte die Entscheidung, die dann aber keine Entscheidung, sondern eine furchtbare Prüfung der Menschheit sein würde, eine grauenvolle Prüfung der Menschheit sein würde, dass die Instinkte diese Prüfung, dieses grauenvolle Schicksal herbeiführten. Angesichts dessen, was heute keimhaft sich zeigt, was aber vielleicht, wenn nur jeder Einzelne mit sich zu Rate geht, noch abgewendet werden kann, das legt uns immer wieder die Worte auf die Zunge, lässt sie hervorquillen aus dem Herzen, das Anteil nehmen will an dem Schicksale der Zeit und an dem Schicksale der Menschen in dieser Zeit: Man versuche einzudringen in das Wesen der sozialen Bewegung, ehe es zu spät ist.

- - - - - - -

Zu dieser Ausgabe

Es liegt hier der Erstdruck dieses öffentlichen Vortrags vor. Grundlage ist eine maschinengeschriebene Klartextnachschrift, die von Helene Finckh stammen dürfte. Der Text weist deutliche Züge einer redaktionellen Bearbeitung auf. Der Titel lautet dort: «Die soziale Frage als Wirtschafts-, Rechts- u. Geistesfrage». Der Leser kann diese Klartextnachschrift auf der Webseite des Archiati Verlages einsehen. Die ersten beiden Seiten und die letzte Seite sind auf S. 58-60 faksimiliert wiedergegeben.

Die Vorträge von Rudolf Steiner

Rudolf Steiner hat vor den unterschiedlichsten Menschengruppen einige tausend Vorträge gehalten, davon viele öffentlich. Um möglichst genau zu erfahren, was Rudolf Steiner gesagt hat, ist eine gewissenhafte Prüfung der überlieferten Unterlagen und eine Vertrautheit mit Steiners Denk- und Sprechweise erforderlich.

Bis 1915/16 haben verschiedene Zuhörer die Vorträge stenografiert. Mit der Redaktion hat Marie Steiner in der Regel Walter Vegelahn beauftragt. Vegelahn hat die Klartextnachschriften sehr stark erweitert. Seine Redaktion liegt zahlreichen Bänden der Rudolf Steiner Gesamtausgabe zugrunde. Der Archiati Verlag geht demgegenüber auf die ursprünglichen Klartextnachschriften zurück, soweit diese ihm vorliegen.

Ab 1915/1916 wurde eine Berufsstenografin, Helene Finckh, mit dem Stenografieren beauftragt. Ihre Stenogramme gelten als dem von Rudolf Steiner gesprochenen Wort treu und ihre Übertragung wiederum als dem Stenogramm entsprechend. Um dieses Letzte zu prüfen, wäre ein Vergleich der Klartextnachschriften mit den Stenogrammen nötig. Diese besitzt die Rudolf Steiner Nachlassverwaltung, die einen Vergleich mit den Stenogrammen Außenstehenden nicht gestattet. Wir hoffen auf einen Sinneswandel der Verantwortlichen, wodurch im Internet allen Menschen der Zugang zu den Stenogrammen ermöglicht wird.

Der Archiati Verlag ist bestrebt, wissenschaftliche Genauigkeit mit allgemeiner Zugänglichkeit zu verbinden. Ein Beispiel dafür ist die Handhabung von Wörtern, die heute ungebräuchlich sind oder eine andere Bedeutung angenommen haben. Ersetzungen werden mit einem hochgestellten kleinen Kreis (°) kenntlich gemacht – z. B. Frau° für Weib. Am Ende des Textes findet der Leser die Liste der ersetzten Worte. Fremd- oder schwer verständliche Wörter werden zuweilen auch in Klammern «übersetzt» – z. B. Parenthese (Klammer).

Als Rudolf Steiner die Theosophische Gesellschaft verlassen musste, gab er die Anweisung, dass in seinen Vorträgen «Theosophie» und «theosophisch» durch «Anthroposophie» und «anthroposophisch» ersetzt werden. Geisteswissenschaft war für ihn vor allem Leben, und um dem Leben zu dienen, muss man in Bezug auf die Terminologie beweglich bleiben. Immer wieder betonte er, dass die Terminologie reines Mittel zum Zweck ist.

Rudolf Steiner (1861-1925) hat die moderne Naturwissenschaft durch eine umfassende Wissenschaft des Übersinnlich-Geistigen ergänzt. Seine «Anthroposophie» ist in der heutigen Kultur eine einzigartige Herausforderung zur Überwindung des Materialismus, dieser leidvollen Sackgasse der Menschheitsentwicklung.

Steiners Geisteswissenschaft ist keine bloße Theorie. Ihre Fruchtbarkeit zeigt sie vor allem in der Erneuerung verschiedener Bereiche des Lebens: der Erziehung, der Medizin, der Kunst, der Religion, der Landwirtschaft, bis hin zu einer gesunden Dreigliederung des ganzen sozialen Organismus, in der Kultur, Rechtsleben und Wirtschaft genügend voneinander unabhängig gestaltet werden und sich dadurch gesund entfalten können.

Von der etablierten Kultur ist Rudolf Steiner bis heute im Wesentlichen ignoriert worden. Dies vielleicht deshalb, weil viele Menschen vor der Wahl zwischen Macht und Menschlichkeit, zwischen Geld und Geist, zurückschrecken. In dieser Wahl liegt jene innere Erfahrung der Freiheit, die vor zweitausend Jahren allen Menschen möglich gemacht wurde und die zu einer zunehmenden Scheidung der Geister in der Menschheit führt.

Die Geisteswissenschaft Rudolf Steiners kann weder ein elitäres noch ein Massenphänomen sein: Einerseits kann nur der einzelne Mensch in seiner Freiheit dazu Stellung nehmen und sie ergreifen, andrerseits kann dieser Einzelne in allen Schichten der Gesellschaft und in allen Völkern und Religionen der Menschheit seine Wurzeln haben.